Dieses Buch gehört

_____

TAGESPLANER

Datum:

Heute unbedingt zu tun:
*
*
*

Wichtige Termine:

Heute zu tun:
*
*
*
*
*
*
*
*
*
*
*
*
*
*
*
*
*

Einkaufen:

Heute bin ich dankbar für:

Mahlzeiten:

F

M

A

Snack

Training

8 Gläser am Tag

Notizen:

TAGESPLANER

Datum:

Heute unbedingt zu tun:
*
*
*

Wichtige Termine:
- : -
- : -
- : -
- : -

Heute zu tun:
*
*
*
*
*
*
*
*
*
*
*
*
*
*
*
*
*
*

Einkaufen:

Heute bin ich dankbar für:

Mahlzeiten:

F

M

A

Snack

Training

8 Gläser am Tag

Notizen:

TAGESPLANER

Datum:

Heute unbedingt zu tun:
*
*
*

Wichtige Termine:

Heute zu tun:
*
*
*
*
*
*
*
*
*
*
*
*
*
*
*
*
*

Einkaufen:

Heute bin ich dankbar für:

Mahlzeiten:

F

M

A

Snack

Training:

8 Gläser am Tag

Notizen:

TAGESPLANER

Datum:

Heute unbedingt zu tun:
*
*
*

Wichtige Termine:
 : -
 : -
 : -
 : -
 : -

Heute zu tun:
*
*
*
*
*
*
*
*
*
*
*
*
*
*
*
*
*
*

Einkaufen:

Heute bin ich dankbar für:

Mahlzeiten:

F

M

A

Snack

Training

8 Gläser am Tag

Notizen:

TAGESPLANER

Datum:

Heute unbedingt zu tun:
*
*
*

Heute zu tun:
*
*
*
*
*
*
*
*
*
*
*
*
*
*
*
*

Training

8 Gläser am Tag

Wichtige Termine:

Einkaufen:

Heute bin ich dankbar für:

Mahlzeiten:

F

M

A

Snack

Notizen:

TAGESPLANER

Datum:

Heute unbedingt zu tun:
* ....
* ....
* ....

Wichtige Termine:
.... : .... - ....
.... : .... - ....
.... : .... - ....
.... : .... - ....
.... : .... - ....

Heute zu tun:
* ....
* ....
* ....
* ....
* ....
* ....
* ....
* ....
* ....
* ....
* ....
* ....
* ....
* ....
* ....
* ....
* ....
* ....
* ....

Einkaufen:

Heute bin ich dankbar für:

Mahlzeiten:

F

M

A

Snack

Training

8 Gläser am Tag

Notizen:

TAGESPLANER

Datum:

Heute unbedingt zu tun:
*
*
*

Wichtige Termine:
 : -
 : -
 : -
 : -
 : -

Heute zu tun:
*
*
*
*
*
*
*
*
*
*
*
*
*
*
*

Einkaufen:

Heute bin ich dankbar für:

Mahlzeiten:
F
M
A
Snack

Training

8 Gläser am Tag

Notizen:

TAGESPLANER

Datum:

Heute unbedingt zu tun:
*
*
*

Wichtige Termine:

Heute zu tun:
*
*
*
*
*
*
*
*
*
*
*
*
*
*
*
*
*
*
*

Einkaufen:

Heute bin ich dankbar für:

Mahlzeiten:

F

M

A

Snack

Training

8 Gläser am Tag

Notizen:

TAGESPLANER

Datum:

Heute unbedingt zu tun:
*
*
*

Heute zu tun:
*
*
*
*
*
*
*
*
*
*
*
*
*
*
*
*

Training

8 Gläser am Tag

Wichtige Termine:
 : -
 : -
 : -
 : -
 : -

Einkaufen:

Heute bin ich dankbar für:

Mahlzeiten:

F

M

A

Snack

Notizen:

TAGESPLANER

Datum:

Heute unbedingt zu tun:
*
*
*

Wichtige Termine:
- : -
- : -
- : -
- : -

Heute zu tun:
*
*
*
*
*
*
*
*
*
*
*
*
*
*
*
*
*
*

Einkaufen:

Heute bin ich dankbar für:

Mahlzeiten:

F

M

A

Snack

Training

8 Gläser am Tag

Notizen:

TAGESPLANER

Datum:

Heute unbedingt zu tun:
*
*
*

Wichtige Termine:
: -
: -
: -
: -
: -

Heute zu tun:
*
*
*
*
*
*
*
*
*
*
*
*
*
*
*
*

Einkaufen:

Heute bin ich dankbar für:

Mahlzeiten:

F

M

A

Snack

Training

8 Gläser am Tag

Notizen:

TAGESPLANER

Datum:

Heute unbedingt zu tun:
*
*
*

Wichtige Termine:
 : -
 : -
 : -
 : -

Heute zu tun:
*
*
*
*
*
*
*
*
*
*
*
*
*
*
*
*
*
*

Einkaufen:

Heute bin ich dankbar für:

Mahlzeiten:

F

M

A

Snack

Training

8 Gläser am Tag

Notizen:

TAGESPLANER

Datum:

Heute unbedingt zu tun:
*
*
*

Wichtige Termine:
: -
: -
: -
: -
: -

Heute zu tun:
*
*
*
*
*
*
*
*
*
*
*
*
*
*
*
*

Einkaufen:

Heute bin ich dankbar für:

Mahlzeiten:

F

M

A

Snack

Training

8 Gläser am Tag

Notizen:

TAGESPLANER

Datum:

Heute unbedingt zu tun:
*
*
*

Wichtige Termine:
- : -
- : -
- : -
- : -

Heute zu tun:
*
*
*
*
*
*
*
*
*
*
*
*
*
*
*
*
*
*

Einkaufen:

Heute bin ich dankbar für:

Mahlzeiten:

F

M

A

Snack

Training

8 Gläser am Tag

Notizen:

TAGESPLANER

Datum:

Heute unbedingt zu tun:

Wichtige Termine:

Heute zu tun:

Einkaufen:

Heute bin ich dankbar für:

Mahlzeiten:

F

M

A

Snack

Training

8 Gläser am Tag

Notizen:

TAGESPLANER

Datum:

Heute unbedingt zu tun:
* ...
* ...
* ...

Wichtige Termine:
- : -
- : -
- : -
- : -
- : -

Heute zu tun:
* ...
* ...
* ...
* ...
* ...
* ...
* ...
* ...
* ...
* ...
* ...
* ...
* ...
* ...
* ...
* ...
* ...
* ...
* ...
* ...

Einkaufen:

Heute bin ich dankbar für:

Mahlzeiten:

F

M

A

Snack

Training

8 Gläser am Tag

Notizen:

TAGESPLANER

Datum:

Heute unbedingt zu tun:
*
*
*

Wichtige Termine:
 : -
 : -
 : -
 : -
 : -

Heute zu tun:
*
*
*
*
*
*
*
*
*
*
*
*
*
*
*
*
*

Einkaufen:

Heute bin ich dankbar für:

Mahlzeiten:

F

M

A

Snack

Training

8 Gläser am Tag

Notizen:

TAGESPLANER

Datum:

Heute unbedingt zu tun:
* ....
* ....
* ....

Wichtige Termine:
___ : ___ - _____
___ : ___ - _____
___ : ___ - _____
___ : ___ - _____
___ : ___ - _____

Heute zu tun:
* ....
* ....
* ....
* ....
* ....
* ....
* ....
* ....
* ....
* ....
* ....
* ....
* ....
* ....
* ....
* ....
* ....
* ....

Einkaufen:

Heute bin ich dankbar für:

Mahlzeiten:

F

M

A

Snack

Training

8 Gläser am Tag

Notizen:

TAGESPLANER

Datum:

Heute unbedingt zu tun:
*
*
*

Wichtige Termine:
- : -
- : -
- : -
- : -
- : -

Heute zu tun:
*
*
*
*
*
*
*
*
*
*
*
*
*
*
*
*

Einkaufen:

Heute bin ich dankbar für:

Mahlzeiten:

F

M

A

Snack

Training

8 Gläser am Tag

Notizen:

TAGESPLANER

Datum:

Heute unbedingt zu tun:
*
*
*

Wichtige Termine:
- : -
- : -
- : -
- : -
- : -

Heute zu tun:
*
*
*
*
*
*
*
*
*
*
*
*
*
*
*
*
*
*

Einkaufen:

Heute bin ich dankbar für:

Mahlzeiten:

F

M

A

Snack

Training:

8 Gläser am Tag

Notizen:

TAGESPLANER

Datum:

Heute unbedingt zu tun:
*
*
*

Wichtige Termine:
  :   -
  :   -
  :   -
  :   -

Heute zu tun:
*
*
*
*
*
*
*
*
*
*
*
*
*
*
*
*
*

Einkaufen:

Heute bin ich dankbar für:

Mahlzeiten:

F

M

A

Snack

Training

8 Gläser am Tag

Notizen:

TAGESPLANER

Datum:

Heute unbedingt zu tun:
*
*
*

Wichtige Termine:
: -
: -
: -
: -

Heute zu tun:
*
*
*
*
*
*
*
*
*
*
*
*
*
*
*
*
*
*
*

Einkaufen:

Heute bin ich dankbar für:

Mahlzeiten:

F

M

A

Snack

Training

8 Gläser am Tag

Notizen:

TAGESPLANER

Datum:

Heute unbedingt zu tun:
*
*
*

Wichtige Termine:
- : -
- : -
- : -
- : -

Heute zu tun:
*
*
*
*
*
*
*
*
*
*
*
*
*
*
*
*
*

Einkaufen:

Heute bin ich dankbar für:

Mahlzeiten:
F
M
A
Snack

Training:

8 Gläser am Tag

Notizen:

TAGESPLANER

Datum:

Heute unbedingt zu tun:
* _____
* _____
* _____

Wichtige Termine:
: -
: -
: -
: -
: -

Heute zu tun:
* _____
* _____
* _____
* _____
* _____
* _____
* _____
* _____
* _____
* _____
* _____
* _____
* _____
* _____
* _____
* _____
* _____
* _____
* _____
* _____

Einkaufen:

Heute bin ich dankbar für:

Mahlzeiten:

F

M

A

Snack

Training

8 Gläser am Tag

Notizen:

TAGESPLANER

Datum:

Heute unbedingt zu tun:
*
*
*

Wichtige Termine:

Heute zu tun:
*
*
*
*
*
*
*
*
*
*
*
*
*
*
*
*
*

Einkaufen:

Heute bin ich dankbar für:

Mahlzeiten:

F

M

A

Snack

Training

8 Gläser am Tag

Notizen:

TAGESPLANER

Datum:

Heute unbedingt zu tun:
*
*
*

Wichtige Termine:
 : -
 : -
 : -
 : -
 : -

Heute zu tun:
*
*
*
*
*
*
*
*
*
*
*
*
*
*
*
*
*
*

Einkaufen:

Heute bin ich dankbar für:

Mahlzeiten:

F

M

A

Snack

Training

8 Gläser am Tag

Notizen:

TAGESPLANER

Datum:

Heute unbedingt zu tun:
*
*
*

Heute zu tun:
*
*
*
*
*
*
*
*
*
*
*
*
*
*
*

Training

8 Gläser am Tag

Wichtige Termine:

Einkaufen:

Heute bin ich dankbar für:

Mahlzeiten:

F

M

A

Snack

Notizen:

TAGESPLANER

Datum:

Heute unbedingt zu tun:
* ......
* ......
* ......

Heute zu tun:
* ......
* ......
* ......
* ......
* ......
* ......
* ......
* ......
* ......
* ......
* ......
* ......
* ......
* ......
* ......
* ......
* ......
* ......
* ......
* ......

Training

Wichtige Termine:
. : . -
. : . -
. : . -
. : . -
. : . -

Einkaufen:

Heute bin ich dankbar für:

Mahlzeiten:

F

M

A

Snack

Notizen:

8 Gläser am Tag

TAGESPLANER

Datum:

Heute unbedingt zu tun:
*
*
*

Wichtige Termine:
 : -
 : -
 : -
 : -

Heute zu tun:
*
*
*
*
*
*
*
*
*
*
*
*
*
*
*
*

Einkaufen:

Heute bin ich dankbar für:

Mahlzeiten:

F

M

A

Snack

Training

8 Gläser am Tag

Notizen:

TAGESPLANER

Datum:

Heute unbedingt zu tun:
*
*
*

Wichtige Termine:
 : -
 : -
 : -
 : -

Heute zu tun:
*
*
*
*
*
*
*
*
*
*
*
*
*
*
*
*
*
*

Einkaufen:

Heute bin ich dankbar für:

Mahlzeiten:

F

M

A

Snack

Training

8 Gläser am Tag

Notizen:

TAGESPLANER

Datum:

Heute unbedingt zu tun:
*
*
*

Wichtige Termine:
: -
: -
: -
: -
: -

Heute zu tun:
*
*
*
*
*
*
*
*
*
*
*
*
*
*
*
*

Einkaufen:

Heute bin ich dankbar für:

Mahlzeiten:

F

M

A

Snack

Training:

8 Gläser am Tag

Notizen:

TAGESPLANER

Datum:

Heute unbedingt zu tun:
*
*
*

Wichtige Termine:
* : -
* : -
* : -
* : -
* : -

Heute zu tun:
*
*
*
*
*
*
*
*
*
*
*
*
*
*
*
*
*
*

Einkaufen:

Heute bin ich dankbar für:

Mahlzeiten:

F

M

A

Snack

Training

Notizen:

8 Gläser am Tag

TAGESPLANER

Datum:

Heute unbedingt zu tun:
*
*
*

Wichtige Termine:
 : —
 : —
 : —
 : —

Heute zu tun:
*
*
*
*
*
*
*
*
*
*
*
*
*
*
*

Einkaufen:

Heute bin ich dankbar für:

Mahlzeiten:

F

M

A

Snack

Training

8 Gläser am Tag

Notizen:

TAGESPLANER

Datum:

Heute unbedingt zu tun:
*
*
*

Wichtige Termine:
: -
: -
: -
: -
: -

Heute zu tun:
*
*
*
*
*
*
*
*
*
*
*
*
*
*
*
*
*
*

Einkaufen:

Heute bin ich dankbar für:

Mahlzeiten:

F

M

A

Snack

Training

Notizen:

8 Gläser am Tag

TAGESPLANER

Datum:

Heute unbedingt zu tun:
*
*
*

Wichtige Termine:
: -
: -
: -
: -

Heute zu tun:
*
*
*
*
*
*
*
*
*
*
*
*
*
*
*
*

Einkaufen:

Heute bin ich dankbar für:

Mahlzeiten:
F
M
A
Snack

Training

8 Gläser am Tag

Notizen:

TAGESPLANER

Datum:

Heute unbedingt zu tun:
*
*
*

Wichtige Termine:

Heute zu tun:
*
*
*
*
*
*
*
*
*
*
*
*
*
*
*
*
*
*
*
*

Einkaufen:

Heute bin ich dankbar für:

Mahlzeiten:

F

M

A

Snack

Training

8 Gläser am Tag

Notizen:

TAGESPLANER

Datum:

Heute unbedingt zu tun:
*
*
*

Wichtige Termine:
: -
: -
: -
: -
: -

Heute zu tun:
*
*
*
*
*
*
*
*
*
*
*
*
*
*
*
*

Einkaufen:

Heute bin ich dankbar für:

Mahlzeiten:

F

M

A

Snack

Training

8 Gläser am Tag

Notizen:

TAGESPLANER

Datum:

Heute unbedingt zu tun:
*
*
*

Wichtige Termine:
: -
: -
: -
: -
: -

Heute zu tun:
*
*
*
*
*
*
*
*
*
*
*
*
*
*
*
*
*
*
*

Einkaufen:

Heute bin ich dankbar für:

Mahlzeiten:

F

M

A

Snack

Training

8 Gläser am Tag

Notizen:

TAGESPLANER

Datum:

Heute unbedingt zu tun:
* ......
* ......
* ......

Wichtige Termine:
 : -
 : -
 : -
 : -
 : -

Heute zu tun:
* ......
* ......
* ......
* ......
* ......
* ......
* ......
* ......
* ......
* ......
* ......
* ......
* ......
* ......
* ......
* ......
* ......

Einkaufen:

Heute bin ich dankbar für:

Mahlzeiten:

F

M

A

Snack

Training:

8 Gläser am Tag

Notizen:

TAGESPLANER

Datum:

Heute unbedingt zu tun:
*
*
*

Heute zu tun:
*
*
*
*
*
*
*
*
*
*
*
*
*
*
*
*
*
*

Training

8 Gläser am Tag

Wichtige Termine:
: -
: -
: -
: -
: -

Einkaufen:

Heute bin ich dankbar für:

Mahlzeiten:

F

M

A

Snack

Notizen:

TAGESPLANER

Datum:

Heute unbedingt zu tun:
*
*
*

Wichtige Termine:
- : -
- : -
- : -
- : -
- : -

Heute zu tun:
*
*
*
*
*
*
*
*
*
*
*
*
*
*
*
*

Einkaufen:

Heute bin ich dankbar für:

Mahlzeiten:
F
M
A
Snack

Training

8 Gläser am Tag

Notizen:

TAGESPLANER

Datum:

Heute unbedingt zu tun:
*
*
*

Wichtige Termine:
 : -
 : -
 : -
 : -
 : -

Heute zu tun:
*
*
*
*
*
*
*
*
*
*
*
*
*
*
*
*
*
*

Einkaufen:

Heute bin ich dankbar für:

Mahlzeiten:

F

M

A

Snack

Training

8 Gläser am Tag

Notizen:

TAGESPLANER

Datum:

Heute unbedingt zu tun:
*
*
*

Wichtige Termine:
: -
: -
: -
: -
: -

Heute zu tun:
*
*
*
*
*
*
*
*
*
*
*
*
*
*
*
*

Einkaufen:

Heute bin ich dankbar für:

Mahlzeiten:

F

M

A

Snack

Training

8 Gläser am Tag

Notizen:

TAGESPLANER

Datum:

Heute unbedingt zu tun:
*
*
*

Wichtige Termine:
- : -
- : -
- : -
- : -
- : -

Heute zu tun:
*
*
*
*
*
*
*
*
*
*
*
*
*
*
*
*
*
*
*

Einkaufen:

Heute bin ich dankbar für:

Mahlzeiten:

F

M

A

Snack

Training

8 Gläser am Tag

Notizen:

TAGESPLANER

Datum:

Heute unbedingt zu tun:
*
*
*

Heute zu tun:
*
*
*
*
*
*
*
*
*
*
*
*
*
*
*
*

Training

8 Gläser am Tag

Wichtige Termine:

Einkaufen:

Heute bin ich dankbar für:

Mahlzeiten:

F

M

A

Snack

Notizen:

TAGESPLANER

Datum:

Heute unbedingt zu tun:
*
*
*

Wichtige Termine:
* : -
* : -
* : -
* : -
* : -

Heute zu tun:
*
*
*
*
*
*
*
*
*
*
*
*
*
*
*
*
*
*
*

Einkaufen:

Heute bin ich dankbar für:

Mahlzeiten:

F

M

A

Snack

Training

8 Gläser am Tag

Notizen:

TAGESPLANER

Datum:

Heute unbedingt zu tun:
* ...
* ...
* ...

Wichtige Termine:
... : ... - ...
... : ... - ...
... : ... - ...
... : ... - ...

Heute zu tun:
* ...
* ...
* ...
* ...
* ...
* ...
* ...
* ...
* ...
* ...
* ...
* ...
* ...
* ...
* ...
* ...

Einkaufen:

Heute bin ich dankbar für:

Mahlzeiten:
F
M
A
Snack

Training

8 Gläser am Tag

Notizen:

TAGESPLANER

Datum:

Heute unbedingt zu tun:
*
*
*

Wichtige Termine:
 : -
 : -
 : -
 : -
 : -

Heute zu tun:
*
*
*
*
*
*
*
*
*
*
*
*
*
*
*
*
*
*

Einkaufen:

Heute bin ich dankbar für:

Mahlzeiten:

F

M

A

Snack

Training

8 Gläser am Tag

Notizen:

TAGESPLANER

Datum:

Heute unbedingt zu tun:
*
*
*

Wichtige Termine:
: -
: -
: -
: -
: -

Heute zu tun:
*
*
*
*
*
*
*
*
*
*
*
*
*
*
*

Einkaufen:

Heute bin ich dankbar für:

Mahlzeiten:

F

M

A

Snack

Training

8 Gläser am Tag

Notizen:

TAGESPLANER

Datum:

Heute unbedingt zu tun:
*
*
*

Wichtige Termine:
: -
: -
: -
: -
: -

Heute zu tun:
*
*
*
*
*
*
*
*
*
*
*
*
*
*
*
*
*
*
*

Einkaufen:

Heute bin ich dankbar für:

Mahlzeiten:

F

M

A

Snack

Training

8 Gläser am Tag

Notizen:

TAGESPLANER

Datum:

Heute unbedingt zu tun:
*
*
*

Heute zu tun:
*
*
*
*
*
*
*
*
*
*
*
*
*
*
*
*
*

Training

8 Gläser am Tag

Wichtige Termine:

Einkaufen:

Heute bin ich dankbar für:

Mahlzeiten:

F

M

A

Snack

Notizen:

TAGESPLANER

Datum:

Heute unbedingt zu tun:
*
*
*

Wichtige Termine:
 : -
 : -
 : -
 : -
 : -

Heute zu tun:
*
*
*
*
*
*
*
*
*
*
*
*
*
*
*
*
*
*
*

Einkaufen:

Heute bin ich dankbar für:

Mahlzeiten:

F

M

A

Snack

Training

8 Gläser am Tag

Notizen:

TAGESPLANER

Datum:

Heute unbedingt zu tun:
*
*
*

Wichtige Termine:
 :   -
 :   -
 :   -
 :   -
 :   -

Heute zu tun:
*
*
*
*
*
*
*
*
*
*
*
*
*
*
*
*

Einkaufen:

Heute bin ich dankbar für:

Mahlzeiten:

F

M

A

Snack

Training

8 Gläser am Tag

Notizen:

TAGESPLANER

Datum:

Heute unbedingt zu tun:
* ....
* ....
* ....

Heute zu tun:
* ....
* ....
* ....
* ....
* ....
* ....
* ....
* ....
* ....
* ....
* ....
* ....
* ....
* ....
* ....
* ....
* ....
* ....
* ....
* ....

Training

8 Gläser am Tag

Wichtige Termine:
..... : ..... - .....
..... : ..... - .....
..... : ..... - .....
..... : ..... - .....

Einkaufen:

Heute bin ich dankbar für:

Mahlzeiten:

F

M

A

Snack

Notizen:
....
....
....

TAGESPLANER

Datum:

Heute unbedingt zu tun:
*
*
*

Wichtige Termine:
: -
: -
: -
: -

Heute zu tun:
*
*
*
*
*
*
*
*
*
*
*
*
*
*
*
*
*

Einkaufen:

Heute bin ich dankbar für:

Mahlzeiten:

F

M

A

Snack

Training

8 Gläser am Tag

Notizen:

TAGESPLANER

Datum:

Heute unbedingt zu tun:
*
*
*

Wichtige Termine:
: -
: -
: -
: -
: -

Heute zu tun:
*
*
*
*
*
*
*
*
*
*
*
*
*
*
*
*
*
*

Einkaufen:

Heute bin ich dankbar für:

Mahlzeiten:

F

M

A

Snack

Training

8 Gläser am Tag

Notizen:

TAGESPLANER

Datum:

Heute unbedingt zu tun:
*
*
*

Heute zu tun:
*
*
*
*
*
*
*
*
*
*
*
*
*
*
*
*
*

Training

8 Gläser am Tag

Wichtige Termine:
 : -
 : -
 : -
 : -

Einkaufen:

Heute bin ich dankbar für:

Mahlzeiten:

F

M

A

Snack

Notizen:

TAGESPLANER

Datum:

Heute unbedingt zu tun:
*
*
*

Wichtige Termine:
-
-
-
-
-

Heute zu tun:
*
*
*
*
*
*
*
*
*
*
*
*
*
*
*
*
*
*
*

Einkaufen:

Heute bin ich dankbar für:

Mahlzeiten:

F

M

A

Snack

Training

8 Gläser am Tag

Notizen:

TAGESPLANER

Datum:

Heute unbedingt zu tun:
*
*
*

Wichtige Termine:
 : -
 : -
 : -
 : -

Heute zu tun:
*
*
*
*
*
*
*
*
*
*
*
*
*
*
*
*

Einkaufen:

Heute bin ich dankbar für:

Mahlzeiten:

F

M

A

Snack

Training

8 Gläser am Tag

Notizen:

TAGESPLANER

Datum:

Heute unbedingt zu tun:
* ....
* ....
* ....

Heute zu tun:
* ....
* ....
* ....
* ....
* ....
* ....
* ....
* ....
* ....
* ....
* ....
* ....
* ....
* ....
* ....
* ....
* ....
* ....
* ....

Training

8 Gläser am Tag

Wichtige Termine:
  :   -
  :   -
  :   -
  :   -
  :   -

Einkaufen:

Heute bin ich dankbar für:

Mahlzeiten:
F
M
A
Snack

Notizen:

TAGESPLANER

Datum:

Heute unbedingt zu tun:
*
*
*

Wichtige Termine:
- : -
- : -
- : -
- : -
- : -

Heute zu tun:
*
*
*
*
*
*
*
*
*
*
*
*
*
*
*
*
*

Einkaufen:

Heute bin ich dankbar für:

Mahlzeiten:

F

M

A

Snack

Training

8 Gläser am Tag

Notizen:

TAGESPLANER

Datum:

Heute unbedingt zu tun:
*
*
*

Wichtige Termine:
: -
: -
: -
: -
: -

Heute zu tun:
*
*
*
*
*
*
*
*
*
*
*
*
*
*
*
*
*
*

Einkaufen:

Heute bin ich dankbar für:

Mahlzeiten:

F

M

A

Snack

Training

8 Gläser am Tag

Notizen:

TAGESPLANER

Datum:

Heute unbedingt zu tun:
* ....
* ....
* ....

Wichtige Termine:
- : -
- : -
- : -
- : -
- : -

Heute zu tun:
* ....
* ....
* ....
* ....
* ....
* ....
* ....
* ....
* ....
* ....
* ....
* ....
* ....
* ....
* ....
* ....
* ....

Einkaufen:

Heute bin ich dankbar für:

Mahlzeiten:

F

M

A

Snack

Training:

8 Gläser am Tag

Notizen:
....
....
....

TAGESPLANER

Datum:

Heute unbedingt zu tun:
*
*
*

Wichtige Termine:
: -
: -
: -
: -

Heute zu tun:
*
*
*
*
*
*
*
*
*
*
*
*
*
*
*
*
*
*

Einkaufen:

Heute bin ich dankbar für:

Mahlzeiten:

F

M

A

Snack

Training

8 Gläser am Tag

Notizen:

TAGESPLANER

Datum:

Heute unbedingt zu tun:
*
*
*

Wichtige Termine:

Heute zu tun:
*
*
*
*
*
*
*
*
*
*
*
*
*
*
*
*
*

Einkaufen:

Heute bin ich dankbar für:

Mahlzeiten:
F
M
A
Snack

Training

8 Gläser am Tag

Notizen:

TAGESPLANER

Datum:

Heute unbedingt zu tun:
* ...
* ...
* ...

Wichtige Termine:
- : -
- : -
- : -
- : -
- : -

Heute zu tun:
* ...
* ...
* ...
* ...
* ...
* ...
* ...
* ...
* ...
* ...
* ...
* ...
* ...
* ...
* ...
* ...
* ...
* ...
* ...
* ...

Einkaufen:

Heute bin ich dankbar für:

Mahlzeiten:

F

M

A

Snack

Training

8 Gläser am Tag

Notizen:

TAGESPLANER

Datum:

Heute unbedingt zu tun:
*
*
*

Heute zu tun:
*
*
*
*
*
*
*
*
*
*
*
*
*
*
*
*

Training

8 Gläser am Tag

Wichtige Termine:
-
-
-
-
-

Einkaufen:

Heute bin ich dankbar für:

Mahlzeiten:

F

M

A

Snack

Notizen:

TAGESPLANER

Datum:

Heute unbedingt zu tun:
*
*
*

Wichtige Termine:
: -
: -
: -
: -
: -

Heute zu tun:
*
*
*
*
*
*
*
*
*
*
*
*
*
*
*
*
*
*
*
*

Einkaufen:

Heute bin ich dankbar für:

Mahlzeiten:

F

M

A

Snack

Training

8 Gläser am Tag

Notizen:

TAGESPLANER

Datum:

Heute unbedingt zu tun:
*
*
*

Wichtige Termine:
: -
: -
: -
: -
: -

Heute zu tun:
*
*
*
*
*
*
*
*
*
*
*
*
*
*
*
*
*
*

Einkaufen:

Heute bin ich dankbar für:

Mahlzeiten:

F

M

A

Snack

Training

8 Gläser am Tag

Notizen:

TAGESPLANER

Datum:

Heute unbedingt zu tun:
*
*
*

Wichtige Termine:
 :   -
 :   -
 :   -
 :   -
 :   -

Heute zu tun:
*
*
*
*
*
*
*
*
*
*
*
*
*
*
*
*
*
*

Einkaufen:

Heute bin ich dankbar für:

Mahlzeiten:

F

M

A

Snack

Training

8 Gläser am Tag

Notizen:

TAGESPLANER

Datum:

Heute unbedingt zu tun:
*
*
*

Wichtige Termine:
: -
: -
: -
: -
: -

Heute zu tun:
*
*
*
*
*
*
*
*
*
*
*
*
*
*
*
*
*

Einkaufen:

Heute bin ich dankbar für:

Mahlzeiten:

F

M

A

Snack

Training

8 Gläser am Tag

Notizen:

TAGESPLANER

Datum:

Heute unbedingt zu tun:
*
*
*

Heute zu tun:
*
*
*
*
*
*
*
*
*
*
*
*
*
*
*
*
*
*

Training

8 Gläser am Tag

Wichtige Termine:
- : -
- : -
- : -
- : -
- : -

Einkaufen:

Heute bin ich dankbar für:

Mahlzeiten:

F

M

A

Snack

Notizen:

TAGESPLANER

Datum:

Heute unbedingt zu tun:
*
*
*

Wichtige Termine:
 : -
 : -
 : -
 : -
 : -

Heute zu tun:
*
*
*
*
*
*
*
*
*
*
*
*
*
*
*

Einkaufen:

Heute bin ich dankbar für:

Mahlzeiten:

F

M

A

Snack

Training

8 Gläser am Tag

Notizen:

TAGESPLANER

Datum:

Heute unbedingt zu tun:
*
*
*

Wichtige Termine:
: -
: -
: -
: -
: -

Heute zu tun:
*
*
*
*
*
*
*
*
*
*
*
*
*
*
*
*
*
*

Einkaufen:

Heute bin ich dankbar für:

Mahlzeiten:

F

M

A

Snack

Training

8 Gläser am Tag

Notizen:

TAGESPLANER

Datum:

Heute unbedingt zu tun:
*
*
*

Heute zu tun:
*
*
*
*
*
*
*
*
*
*
*
*
*
*
*
*
*

Training

8 Gläser am Tag

Wichtige Termine:
- : -
- : -
- : -
- : -

Einkaufen:

Heute bin ich dankbar für:

Mahlzeiten:

F

M

A

Snack

Notizen:

TAGESPLANER

Datum:

Heute unbedingt zu tun:
*
*
*

Wichtige Termine:
: -
: -
: -
: -
: -

Heute zu tun:
*
*
*
*
*
*
*
*
*
*
*
*
*
*
*
*
*
*

Einkaufen:

Heute bin ich dankbar für:

Mahlzeiten:

F

M

A

Snack

Training

8 Gläser am Tag

Notizen:

TAGESPLANER

Datum:

Heute unbedingt zu tun:
*
*
*

Wichtige Termine:

Heute zu tun:
*
*
*
*
*
*
*
*
*
*
*
*
*
*
*
*

Einkaufen:

Heute bin ich dankbar für:

Mahlzeiten:

F

M

A

Snack

Training

8 Gläser am Tag

Notizen:

TAGESPLANER

Datum:

Heute unbedingt zu tun:
*
*
*

Wichtige Termine:
: -
: -
: -
: -
: -

Heute zu tun:
*
*
*
*
*
*
*
*
*
*
*
*
*
*
*
*
*
*
*

Einkaufen:

Heute bin ich dankbar für:

Mahlzeiten:

F

M

A

Snack

Training

8 Gläser am Tag

Notizen:

TAGESPLANER

Datum:

Heute unbedingt zu tun:
*
*
*

Wichtige Termine:
* : -
* : -
* : -
* : -

Heute zu tun:
*
*
*
*
*
*
*
*
*
*
*
*
*
*
*
*

Einkaufen:

Heute bin ich dankbar für:

Mahlzeiten:

F
M
A
Snack

Training

Notizen:

8 Gläser am Tag

TAGESPLANER

Datum:

Heute unbedingt zu tun:
*
*
*

Wichtige Termine:
: -
: -
: -
: -
: -

Heute zu tun:
*
*
*
*
*
*
*
*
*
*
*
*
*
*
*
*
*
*
*

Einkaufen:

Heute bin ich dankbar für:

Mahlzeiten:

F

M

A

Snack

Training

8 Gläser am Tag

Notizen:

TAGESPLANER

Datum:

Heute unbedingt zu tun:

Heute zu tun:

Training

8 Gläser am Tag

Wichtige Termine:

Einkaufen:

Heute bin ich dankbar für:

Mahlzeiten:

F

M

A

Snack

Notizen:

TAGESPLANER

Datum:

Heute unbedingt zu tun:
*
*
*

Wichtige Termine:
: -
: -
: -
: -
: -

Heute zu tun:
*
*
*
*
*
*
*
*
*
*
*
*
*
*
*
*
*
*

Einkaufen:

Heute bin ich dankbar für:

Mahlzeiten:

F

M

A

Snack

Training

8 Gläser am Tag

Notizen:

TAGESPLANER

Datum:

Heute unbedingt zu tun:
*
*
*

Heute zu tun:
*
*
*
*
*
*
*
*
*
*
*
*
*
*
*
*

Training

8 Gläser am Tag

Wichtige Termine:

Einkaufen:

Heute bin ich dankbar für:

Mahlzeiten:

F

M

A

Snack

Notizen:

TAGESPLANER

Datum:

Heute unbedingt zu tun:
*
*
*

Wichtige Termine:
 : -
 : -
 : -
 : -

Heute zu tun:
*
*
*
*
*
*
*
*
*
*
*
*
*
*
*
*
*
*

Einkaufen:

Heute bin ich dankbar für:

Mahlzeiten:

F
M
A
Snack

Training

Notizen:

8 Gläser am Tag

TAGESPLANER

Datum:

Heute unbedingt zu tun:
*
*
*

Wichtige Termine:
 : -
 : -
 : -
 : -
 : -

Heute zu tun:
*
*
*
*
*
*
*
*
*
*
*
*
*
*
*
*
*
*

Einkaufen:

Heute bin ich dankbar für:

Mahlzeiten:
F
M
A
Snack

Training

8 Gläser am Tag

Notizen:

TAGESPLANER

Datum:

Heute unbedingt zu tun:
*
*
*

Wichtige Termine:
: -
: -
: -
: -
: -

Heute zu tun:
*
*
*
*
*
*
*
*
*
*
*
*
*
*
*
*
*
*
*

Einkaufen:

Heute bin ich dankbar für:

Mahlzeiten:

F

M

A

Snack

Training

8 Gläser am Tag

Notizen:

TAGESPLANER

Datum:

Heute unbedingt zu tun:
*
*
*

Heute zu tun:
*
*
*
*
*
*
*
*
*
*
*
*
*
*
*
*
*

Training

8 Gläser am Tag

Wichtige Termine:

Einkaufen:

Heute bin ich dankbar für:

Mahlzeiten:

F

M

A

Snack

Notizen:

TAGESPLANER

Datum:

Heute unbedingt zu tun:
*
*
*

Heute zu tun:
*
*
*
*
*
*
*
*
*
*
*
*
*
*
*
*
*
*

Training

8 Gläser am Tag

Wichtige Termine:

Einkaufen:

Heute bin ich dankbar für:

Mahlzeiten:

F

M

A

Snack

Notizen:

TAGESPLANER

Datum:

Heute unbedingt zu tun:
*
*
*

Heute zu tun:
*
*
*
*
*
*
*
*
*
*
*
*
*
*
*
*

Training

8 Gläser am Tag

Wichtige Termine:

Einkaufen:

Heute bin ich dankbar für:

Mahlzeiten:

F

M

A

Snack

Notizen:

TAGESPLANER

Datum:

Heute unbedingt zu tun:
*
*
*

Wichtige Termine:
: -
: -
: -
: -

Heute zu tun:
*
*
*
*
*
*
*
*
*
*
*
*
*
*
*
*
*

Einkaufen:

Heute bin ich dankbar für:

Mahlzeiten:

F

M

A

Snack

Training

8 Gläser am Tag

Notizen:

TAGESPLANER

Datum: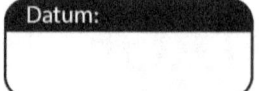

Heute unbedingt zu tun:
*
*
*

Heute zu tun:
*
*
*
*
*
*
*
*
*
*
*
*
*
*
*
*

Training

8 Gläser am Tag

Wichtige Termine:
: -
: -
: -
: -
: -

Einkaufen:

Heute bin ich dankbar für:

Mahlzeiten:

F

M

A

Snack

Notizen:

TAGESPLANER

Datum:

Heute unbedingt zu tun:
*
*
*

Heute zu tun:
*
*
*
*
*
*
*
*
*
*
*
*
*
*
*
*
*
*

Training

8 Gläser am Tag

Wichtige Termine:
: -
: -
: -
: -
: -

Einkaufen:

Heute bin ich dankbar für:

Mahlzeiten:

F

M

A

Snack

Notizen:

TAGESPLANER

Datum:

Heute unbedingt zu tun:
*
*
*

Wichtige Termine:
* : -
* : -
* : -
* : -
* : -

Heute zu tun:
*
*
*
*
*
*
*
*
*
*
*
*
*
*
*

Einkaufen:

Heute bin ich dankbar für:

Mahlzeiten:

F

M

A

Snack

Training

8 Gläser am Tag

Notizen:

TAGESPLANER

Datum:

Heute unbedingt zu tun:
*
*
*

Wichtige Termine:

Heute zu tun:
*
*
*
*
*
*
*
*
*
*
*
*
*
*
*
*
*
*
*

Einkaufen:

Heute bin ich dankbar für:

Mahlzeiten:

F

M

A

Snack

Training

8 Gläser am Tag

Notizen:

TAGESPLANER

Datum:

Heute unbedingt zu tun:
*
*
*

Wichtige Termine:
: -
: -
: -
: -

Heute zu tun:
*
*
*
*
*
*
*
*
*
*
*
*
*
*
*
*
*

Einkaufen:

Heute bin ich dankbar für:

Mahlzeiten:

F

M

A

Snack

Training

8 Gläser am Tag

Notizen:

TAGESPLANER

Datum:

Heute unbedingt zu tun:
*
*
*

Wichtige Termine:
- : -
- : -
- : -
- : -
- : -

Heute zu tun:
*
*
*
*
*
*
*
*
*
*
*
*
*
*
*
*
*
*

Einkaufen:

Heute bin ich dankbar für:

Mahlzeiten:

F

M

A

Snack

Training

8 Gläser am Tag

Notizen:

TAGESPLANER

Datum:

Heute unbedingt zu tun:
*
*
*

Wichtige Termine:
- : -
- : -
- : -
- : -
- : -

Heute zu tun:
*
*
*
*
*
*
*
*
*
*
*
*
*
*
*
*
*
*

Einkaufen:

Heute bin ich dankbar für:

Mahlzeiten:

F

M

A

Snack

Training

8 Gläser am Tag

Notizen:

TAGESPLANER

Datum:

Heute unbedingt zu tun:
*
*
*

Heute zu tun:
*
*
*
*
*
*
*
*
*
*
*
*
*
*
*
*
*
*

Training

8 Gläser am Tag

Wichtige Termine:
: -
: -
: -
: -
: -

Einkaufen:

Heute bin ich dankbar für:

Mahlzeiten:

F

M

A

Snack

Notizen:

TAGESPLANER

Datum:

Heute unbedingt zu tun:
*
*
*

Heute zu tun:
*
*
*
*
*
*
*
*
*
*
*
*
*
*
*
*

Training

8 Gläser am Tag

Wichtige Termine:
- : -
- : -
- : -
- : -

Einkaufen:

Heute bin ich dankbar für:

Mahlzeiten:

F

M

A

Snack

Notizen:

TAGESPLANER

Datum:

Heute unbedingt zu tun:
*
*
*

Wichtige Termine:
 : -
 : -
 : -
 : -
 : -

Heute zu tun:
*
*
*
*
*
*
*
*
*
*
*
*
*
*
*
*
*
*

Einkaufen:

Heute bin ich dankbar für:

Mahlzeiten:

F

M

A

Snack

Training

8 Gläser am Tag

Notizen:

TAGESPLANER

Datum:

Heute unbedingt zu tun:
*
*
*

Heute zu tun:
*
*
*
*
*
*
*
*
*
*
*
*
*
*
*
*

Training

8 Gläser am Tag

Wichtige Termine:
 : —
 : —
 : —
 : —

Einkaufen:

Heute bin ich dankbar für:

Mahlzeiten:

F

M

A

Snack

Notizen:

TAGESPLANER

Datum:

Heute unbedingt zu tun:
* ....
* ....
* ....

Wichtige Termine:
. : . - .
. : . - .
. : . - .
. : . - .

Heute zu tun:
* ....
* ....
* ....
* ....
* ....
* ....
* ....
* ....
* ....
* ....
* ....
* ....
* ....
* ....
* ....
* ....
* ....
* ....

Einkaufen:

Heute bin ich dankbar für:

Mahlzeiten:

F

M

A

Snack

Training

8 Gläser am Tag

Notizen:
....
....
....

TAGESPLANER

Datum:

Heute unbedingt zu tun:
*
*
*

Heute zu tun:
*
*
*
*
*
*
*
*
*
*
*
*
*
*
*
*
*
*

Training

8 Gläser am Tag

Wichtige Termine:
- : -
- : -
- : -
- : -

Einkaufen:

Heute bin ich dankbar für:

Mahlzeiten:

F

M

A

Snack

Notizen:

TAGESPLANER

Datum:

Heute unbedingt zu tun:
*
*
*

Wichtige Termine:
: -
: -
: -
: -
: -

Heute zu tun:
*
*
*
*
*
*
*
*
*
*
*
*
*
*
*
*
*
*
*

Einkaufen:

Heute bin ich dankbar für:

Mahlzeiten:

F

M

A

Snack

Training

8 Gläser am Tag

Notizen:

TAGESPLANER

Datum:

Heute unbedingt zu tun:
*
*
*

Heute zu tun:
*
*
*
*
*
*
*
*
*
*
*
*
*
*
*
*
*

Training

8 Gläser am Tag

Wichtige Termine:

Einkaufen:

Heute bin ich dankbar für:

Mahlzeiten:

F

M

A

Snack

Notizen:

TAGESPLANER

Datum:

Heute unbedingt zu tun:
*
*
*

Wichtige Termine:
 : -
 : -
 : -
 : -
 : -

Heute zu tun:
*
*
*
*
*
*
*
*
*
*
*
*
*
*
*
*
*
*

Einkaufen:

Heute bin ich dankbar für:

Mahlzeiten:

F

M

A

Snack

Training

8 Gläser am Tag

Notizen:

TAGESPLANER

Datum:

Heute unbedingt zu tun:
*
*
*

Heute zu tun:
*
*
*
*
*
*
*
*
*
*
*
*
*
*
*
*

Training

8 Gläser am Tag

Wichtige Termine:

Einkaufen:

Heute bin ich dankbar für:

Mahlzeiten:

F

M

A

Snack

Notizen:

TAGESPLANER

Datum:

Heute unbedingt zu tun:
* ....
* ....
* ....

Wichtige Termine:
- ... : ... - ...
- ... : ... - ...
- ... : ... - ...
- ... : ... - ...

Heute zu tun:
* ....
* ....
* ....
* ....
* ....
* ....
* ....
* ....
* ....
* ....
* ....
* ....
* ....
* ....
* ....
* ....
* ....
* ....

Einkaufen:

Heute bin ich dankbar für:

Mahlzeiten:

F

M

A

Snack

Training

8 Gläser am Tag

Notizen:

TAGESPLANER

Datum:

Heute unbedingt zu tun:
*
*
*

Wichtige Termine:
: -
: -
: -
: -

Heute zu tun:
*
*
*
*
*
*
*
*
*
*
*
*
*
*
*
*
*

Einkaufen:

Heute bin ich dankbar für:

Mahlzeiten:

F

M

A

Snack

Training

Notizen:

8 Gläser am Tag

TAGESPLANER

Datum:

Heute unbedingt zu tun:
*
*
*

Wichtige Termine:
 : -
 : -
 : -
 : -
 : -

Heute zu tun:
*
*
*
*
*
*
*
*
*
*
*
*
*
*
*
*
*
*
*

Einkaufen:

Heute bin ich dankbar für:

Mahlzeiten:

F

M

A

Snack

Training

Notizen:

8 Gläser am Tag

TAGESPLANER

Datum:

Heute unbedingt zu tun:
* ....
* ....
* ....

Wichtige Termine:
- : -
- : -
- : -
- : -
- : -

Heute zu tun:
* ....
* ....
* ....
* ....
* ....
* ....
* ....
* ....
* ....
* ....
* ....
* ....
* ....
* ....
* ....
* ....
* ....

Einkaufen:

Heute bin ich dankbar für:

Mahlzeiten:

F

M

A

Snack

Training

8 Gläser am Tag

Notizen:

TAGESPLANER

Datum:

Heute unbedingt zu tun:
*
*
*

Wichtige Termine:
 : -
 : -
 : -
 : -
 : -

Heute zu tun:
*
*
*
*
*
*
*
*
*
*
*
*
*
*
*
*
*
*

Einkaufen:

Heute bin ich dankbar für:

Mahlzeiten:

F

M

A

Snack

Training

8 Gläser am Tag

Notizen:

TAGESPLANER

Datum:

Heute unbedingt zu tun:
*
*
*

Heute zu tun:
*
*
*
*
*
*
*
*
*
*
*
*
*
*
*
*

Training

8 Gläser am Tag

Wichtige Termine:

Einkaufen:

Heute bin ich dankbar für:

Mahlzeiten:

F

M

A

Snack

Notizen:

TAGESPLANER

Datum:

Heute unbedingt zu tun:
*
*
*

Heute zu tun:
*
*
*
*
*
*
*
*
*
*
*
*
*
*
*
*

Training

8 Gläser am Tag

Wichtige Termine:
: -
: -
: -
: -
: -

Einkaufen:

Heute bin ich dankbar für:

Mahlzeiten:

F

M

A

Snack

Notizen:

TAGESPLANER

Datum:

Heute unbedingt zu tun:
*
*
*

Heute zu tun:
*
*
*
*
*
*
*
*
*
*
*
*
*
*
*
*
*

Training

8 Gläser am Tag

Wichtige Termine:
 : -
 : -
 : -
 : -
 : -

Einkaufen:

Heute bin ich dankbar für:

Mahlzeiten:
F
M
A
Snack

Notizen:

TAGESPLANER

Datum:

Heute unbedingt zu tun:
*
*
*

Heute zu tun:
*
*
*
*
*
*
*
*
*
*
*
*
*
*
*
*
*
*

Training

8 Gläser am Tag

Wichtige Termine:
: -
: -
: -
: -
: -

Einkaufen:

Heute bin ich dankbar für:

Mahlzeiten:

F

M

A

Snack

Notizen:

TAGESPLANER

Datum:

Heute unbedingt zu tun:
*
*
*

Heute zu tun:
*
*
*
*
*
*
*
*
*
*
*
*
*
*
*
*
*

Training

8 Gläser am Tag

Wichtige Termine:
: -
: -
: -
: -

Einkaufen:

Heute bin ich dankbar für:

Mahlzeiten:

F

M

A

Snack

Notizen:

TAGESPLANER

Datum:

Heute unbedingt zu tun:
* ___
* ___
* ___

Wichtige Termine:
. : -
. : -
. : -
. : -
. : -

Heute zu tun:
* ___
* ___
* ___
* ___
* ___
* ___
* ___
* ___
* ___
* ___
* ___
* ___
* ___
* ___
* ___
* ___
* ___
* ___
* ___
* ___

Einkaufen:

Heute bin ich dankbar für:

Mahlzeiten:

F

M

A

Snack

Training

8 Gläser am Tag

Notizen:

TAGESPLANER

Datum:

Heute unbedingt zu tun:
*
*
*

Wichtige Termine:
: -
: -
: -
: -
: -

Heute zu tun:
*
*
*
*
*
*
*
*
*
*
*
*
*
*
*
*

Einkaufen:

Heute bin ich dankbar für:

Mahlzeiten:

F

M

A

Snack

Training

8 Gläser am Tag

Notizen:

www.ingramcontent.com/pod-product-compliance
Lightning Source LLC
Chambersburg PA
CBHW021438210526
45463CB00002B/558